Amor Sin Locura
Love Without Madness

Cubist Love **P**oetry

All rights are reserved.
Copyright© 2023

Poetry written by Gregg Eisenberg.
Spanish translation by Gabriela Solis Plaza.
Photography by Michael Hamers.

Hardcover Limited Edition.
ISBN: 979-8-9888042-0-8
Other Editions:
ISBN: 978-1-7322969-6-1 (Paperback)
ISBN: 978-1-7322969-7-8 (E-Book)

For booking and event information visit:
www.curvedspacecomedy.com

Published By:
Curved-Space Comedy

CONTENTS

Prefacio: El Tiempo es Una Tetera	**2**
Preface: Time is a Kettle	**3**

• • •

Primera Parte: Amor Sin Locura	**4**
Part One: Love Without Madness	**5**
Camina Conmigo a Las Orillas Blancas	6
Walk with Me to the White Shores	7
Temporadas Temerarias	8
Reckless Seasons	9
Ven A Mis Brazos como una Guitarra Española	10
Be In My Arms Like a Spanish Guitar	11
Vengo a ti Hambriento	12
I Come to You Hungry	13
Súbete Conmigo	14
Climb on this Horse of Love	15
Campos de Trigo	16
Fields of Wheat	17
El Arador Insensato	18
Mad Ploughman	19
Escribir Poesía	20
Writing Poetry	20
Tu Amor No Esta Perdido	21
Your Love is Not Lost	21

• • •

Segunda Parte: La Invitación	**22**
Part Two: The Invitation	**23**
Como una Hoja de Palma	24
Like a Palm Leaf	25
Caldo de Cultivo	26
Breeding Ground	27
Parte el Caparazón	28
Crack the Shell	29

Escucha al Escudo Romperse	30
Listen to the Shield Crack	31
Hipnótico	32
Hypnotic	33
Reunirme Contigo	34
Meeting You	35
Haz un Hogar para Tu Alma	36
Make a Home for Your Soul	37

• • •

Tercera Parte: Mucho Más Allá de las Palabras	**38**
Part Three: Far Beyond Words	**39**
Bebe Estos Poemas	40
Drink These Poems	41
Dios Tiene Alas	42
God Has Wings	43
Los Grandes Poemas	44
The Great Poems	46
La Pluma del Poeta	48
The Poet's Pen	49
Hojas de Armadura	50
Leaves of Armor	51
El Árbol	52
The Tree	55
Yesca Seca	58
Dry Tinder	59
Poetas o Banqueros	60
Poets or Bankers	61

• • •

Sobre los Artistas	**62**
About the Artists	**63**

"Apuesta ambos mundos por el amor."
"Gamble away both worlds for love."
– Rumi

Prefacio
El Tiempo es Una Tetera

El tiempo es una tetera
donde los contenidos
De mis dias
Se ponen a hervir lentamente y se mantienen
A fuego lento.
Deseo ser la mano que agita,
O las llamas que calientan,
Pero yo estoy
en lo profundo del tetera,
Cocinando,
Un poco más cada hora
Bajo los ojos vigilantes del tiempo.

No comprendo
Como mi angustia
Condimenta mi esperanza,
Como mi ira condimenta
mi amor, cómo mi humor sube a la cima
Y es tragado de nuevo.

Justo delante de mis ojos
Me estoy convirtiendo en caldo
A través de esta cocción a fuego lento y agitación,
Ruego que el tiempo sea un buen cocinero.

Deseo ser la vasija en la que se sirve,
Deseo ser la cuchara que se levanta a los labios.
Deseo ser los labios que se sparan
Pero estoy profundamente en la tetera,
Cocinando un poco más
Cada hora.

Preface
Time is a Kettle

Time is a kettle
In which the contents
Of my days
Are brought to a slow boil, and kept
At a low simmer.
I wish to be the hand that stirs,
Or the flames that heat,
But I am
Deep inside the kettle,
Cooking a little more
Every hour
Under Time's watchful eyes.

I cannot fathom
How my anguish
Flavors my hope,
How my anger spices
My love, how my humor rises to the top
And is swallowed again.

Right before my eyes
I am turning into broth
Through this simmering and stirring,
And I pray Time is a good chef.

I wish to be the bowl in which it is served,
I wish to be the spoon that is lifted to the lips.
I wish to be the lips that part.
But I am deep inside the kettle,
Cooking
A little more
Every hour.

Primera Parte:
Amor Sin Locura

¿Porqué hablar del amor sin locura?
Tal cosa no existe.
Sería como hablar de océanos sin sal,
O lluvia sin sonido.

¿Qué es la locura sino reverencia
Por la frágil belleza de este mundo?
¿Y qué es la poesía sino
Una ventana hacia el corazón de la locura?

Cierra tus ojos y sigue el sonido del agua que gotea
Hacia abajo hasta los arrozales.

Te encontraré ahí,
    Antes de que el sol atraviese el horizonte sembrado,
    Antes de que sus dedos amarillos
        Dividan las faldas de la oscuridad,
    Antes de que el día se destroce en millones de
    Fragmentos de luz.

Part One:
Love Without Madness

Why speak of love without madness?
There is no such thing.
It would be like speaking of oceans without salt,
Or rain without sound.

What is madness but reverence
For the fragile beauty of this world?
And what is poetry
But a window into the soul of madness?

Close your eyes and follow the sound of trickling water
Down to the rice-fields.

I will meet you there,
Before the sun pierces the seeded horizon,
Before its yellow fingers part the skirt of the darkness,
Before the day breaks into a million shards of light.

Camina Conmigo a Las Orillas Blancas

Camina conmigo hacia las orillas blancas del lago verde
donde la belleza se esconde en los árboles iluminados por el sol
y ahí sobre tu cabeza frágil pasaré un peine de marfil.

Corre conmigo hacia el borde de las aguas verdosas
donde se reúnen las memorias en el pasto crecido
y ahí pintaré tu belleza frágil en las piedras rústicas.

Entra conmigo en las corrientes superficiales del lago revoltoso
donde caracoles delicados se reúnen en tus pies iluminados por el sol
y ahí enjuagaré las memorias sombrías de tus costas de marfil.

Zambúllete conmigo en los sonidos de la noche alborotada
donde las olas estrelladas recorren sus dedos oscuros a través de tu pelo
y ahí decoraré tu coronilla frágil con piedras pintadas.

Entra conmigo al agua verdosa de memorias rústicas
donde la frágil belleza se reúne en las piedras iluminadas por la luna
y construiré un altar de conchas marinas en las corrientes profundas.

Sumérgete conmigo en los sonidos del lago revoltoso
donde olas negras se encrespan y quiebran por encima de nosotros
y ahí coronaré tu cabeza frágil con un collar de conchas rústicas.

Después siéntate conmigo en el borde del lago verdoso
donde la belleza se reúne entre los árboles iluminados por la luna
y ahí pasaré mis dedos de marfil sobre tus oscuras riberas.

Walk with Me to the White Shores

Walk with me to the white shores of the green lake
Where beauty gathers in the sunlit trees
And there I will run an ivory comb across your frail head.

Run with me to the edge of the green water
Where memories gather in tall grass
And there I will paint your frail beauty on the rough stones.

Step with me into the shallow currents of the churning lake
Where frail shells gather at your sunlit feet
And there I will wash the dark memories off your ivory shores.

Swim with me in the sounds of the churning night
Where moonlit waves run their dark fingers through your hair
And I will decorate your frail crown with painted stones.

Dive with me into the rough memories of the green water
Where fragile beauty gathers on moonlit stones
And I will build an altar of shells in the deep currents.

Dive with me into the sounds of the churning lake
Where dark waves curl and break above us
And I will crown your frail head with a string of rough shells.

Then sit with me on the edge of the green lake
Where beauty gathers in the moonlit trees
And there I will run my ivory fingers over your dark shores.

Temporadas Temerarias

Porque yo era bello en la superficie
No tenía temor
de cazar en lo mas profundo de tu jungla
doblado y
tropezando hacia
el corazón palpitante de lo que tú veneras en secreto.

Porque era bella de espíritu
me lancé a tu país azulado
como un jaguar brincando desde una rama alta
Hacia la aurora de todo lo desconocido.

Porque la luz de la belleza se colgaba en los árboles como una canción
Yo navegué al extremo de la isla
Donde el viento queda mojado de memoria
para que cantando me convierta en la próxima ola que crece y se choca
sobre tus precipicios de caliza.

Porque la belleza me había tomado de aliada
No fue seguridad que yo buscaba
cuando en los campos de pasto ardiente.

yo cavé una tumba morada
para el mesteño salvage que había levantado su cabeza
en la niebla espesa.

Porque fuí seducida por los velos plateados de la belleza
Di mi espalda a los albañiles
y entré a las temporadas temerarias
como una cobra
mudando la piel

siguiendo
una familia de polillas gitanas
por un dosel de hiedra

hasta llegar a las manos inciertas
de tiempo herido.

Reckless Seasons

    Because I was beautiful on the surface
    I was not afraid
    to stalk the depths of your jungle
    bent over and stumbling towards
    the beating heart of what you secretly worship.

Because I was beautiful in my soul
I plunged into your blue country
like a jaguar leaping from a high limb
into the sunrise of all that cannot be known.

    Because beauty's light was hanging in the trees like a song
    I sailed to the far end of the island
    where the wind is wet with remembrance
    that I may singing become the next wave to swell and crash
    upon your limestone cliffs.

Because beauty had taken me as an ally
it was not safety I was seeking
when in fields of blazing grass
I dug a purple grave
for the wild mustang which had reared its head
in the dense fog.

Because I was seduced by beauty's silver mists
I turned my back to the bricklayers
and entered the reckless seasons
like a cobra
shedding its skin

    following
    a family of gypsy moths
    through an ivy canopy

        into the uncertain hands
        of wounded time.

Ven A Mis Brazos como una Guitarra Española

Ven a mis brazos como una guitarra española y mis dedos trazarán las pisadas de pequeños animales corriendo a través del jardín a la luz del amanecer;

Ven a mis brazos como una guitarra española y cada nota será un dios enojado golpeando la puerta de entrada al mundo físico;

Ven a mis brazos como una guitarra española y mis dedos trazarán los pasillos de justicia hacia el centro oscuro en donde ningún hombre puede sobrevivir;

Ven a mis brazos como una guitarra española y los melodiosos sonidos irán a la deriva como la neblina en los campos medicinales de la luz del amanecer;

Monta conmigo hacia los campos sanadores de la luz del amanecer y yo te haré una guitarra española de las hojas que hayan caído pero no hayan encontrado descanso en el suelo de noviembre;

Monta conmigo hacia los campos sanadores de la luz del amanecer y yo te sostendré como una guitarra española en el centro oscuro donde ningún hombre puede sobrevivir;

Monta conmigo hacia los campos sanadores de luz española y cada nota será un dios enojado golpeando la puerta de entrada al mundo físico.

Be In My Arms Like a Spanish Guitar

Be in my arms like a Spanish guitar and my fingers will trace the
footsteps of small animals running through the garden in the early light;

Be in my arms like a Spanish guitar and each note will be an angry god
pounding on the doorway to the physical world;

Be in my arms like a Spanish guitar and my fingers will trace the
hallways of justice to the dark center where no man can survive;

Be in my arms like a Spanish guitar and the melodious sounds will
drift like smoke into the medicine fields of early light;

Ride with me into the medicine fields of early light and I will make you
a Spanish guitar from leaves that have fallen but not found rest on the
November ground;

Ride with me into the medicine fields of early light and I will
hold you like a Spanish guitar in the dark center where
no man can survive;

Ride with me into the medicine fields of Spanish light
and each note will be an angry god pounding on
the doorway to the physical world.

Vengo a ti Hambriento

Vengo a ti
hambriento por el sonido
de una lombriz de tierra
arrastrándose lentamente a través
de la nieve,
   y tú me das
   la voz de una araña
   midiendo la distancia
   entre dos ramas que se mueven.

Vengo a ti
sediento por la canción
de un antílope corriendo velozmente
a través de praderas oscuras,
   y tú me das
   la voz de un chelo
   subiendo hacia una corona de espinos.

   Te pido dedos de vidrio
   envueltos en piel de animal,
      y tú me das
      un ramo de sombras
      envueltas en espigas de trigo.

I Come to You Hungry

I come to you
hungry for the sound
of an earthworm
inching through fields of snow,
    and you give me
    the voice of a spider
    measuring distance
    between two moving branches.

I come to you
thirsty for the song
of an antelope sprinting
though dark meadows,
    and you give me
    the voice of a cello
    climbing towards a crown of thorns.

I ask you for glass fingers
Wrapped in animal skin,
    And you give me
    A bouquet of shadows
    Wrapped in bundles of wheat.

Súbete en este Caballo del Amor

Súbete conmigo en este caballo del amor
y deja descansar tu peso sobre su espalda brillosa
mientras galopa entre el bosque áspero.

  Sube conmigo en estos caballos
    Mientras avanzan peligrosamente a medio galope cerca de afiladas ramas
    Y siguen mirando en espera de que aparezca la luna amarilla
    En la rayada cueva del cielo.

    Galopa a través de estos campos de cebollas silvestres
      Con tus manos ondulando libres a tus costados
        Y escucha el ruido de los cascos
          Rompiendo la tierra por debajo de ti,
            Tirando trozos de lodo y hierba dulce
              Al viento incansable.

Climb on this Horse of Love

Climb on this horse of love with me
and let your weight rest on its shiny back
as it sprints through the jagged woods.

  Ride with me on these horses
    As they canter dangerously near sharp branches
      and keep watching
        for the yellow moon to appear
          in the striped cage of the sky.

        Gallop through these fields of wild onions
          With your hands waving freely at your sides
            And listen to the beating hooves
              Tear the soil up beneath you,
                Throwing clumps of mud and sweet-grass
                To the restless wind.

Campos de Trigo

i.
Tú me das estos poemas
Como un pintor
Distribuye brazaletes de plata
A un patio escolar
De unicornios,

Tú me das este lenguaje
Como una cigüeña
Entregando un ramo de crisantemos
A una metrópolis
De nubes de tormenta.

Tus ojos amarillos son campos de trigo
Cubriendo las naciones quemadas
De un solo poeta.

ii.
Tú me das estos poemas
Como una estatua generosa
Distribuye semillas de remembranza
A una audiencia
De cuervos.

Tú me das este lenguaje
Como Artemisa la cazadora
Entregando un batallón de asteroides
Al combate con el Sol.

Tus ojos amarillos son campos de piedras
Sentándose en los países quemados
De un solo poeta.

Fields of Wheat

i.
You give me these poems
Like a painter
Dispensing silver bracelets
To a schoolyard
Of unicorns.

You give me this language
Like a stork
Delivering a bundle of chrysanthemums
To a metropolis
Of storm-clouds.

Your yellow eyes are fields of wheat
Covering the burnt nations
Of a single poet.

ii.
You give me these poems
Like a gifted statue
Dispensing seeds of remembrance
To an audience
Of crows.

You give me this language
Like Artemis the hunter
Delivering a battalion of asteroids
Into combat with the Sun.

Your yellow eyes are fields of stones
Sitting on the burnt countries
Of a single poet.

El Arador Furioso

Tú diriges el movimiento de mi mano
Sobre esta página
Como un conductor dirige una orquesta de búhos
Sobre un lago de abetos.

Tu voz infiltra mis sentidos
Como un ejército de tortugas marinas
marchando sobre el suelo del mar,
guiados por destellos extraños de luces verdosas.

Tú invades mi país azulado
Como un escuadrón de vendavales
Volcándose sobre campos de arcilla
Como un labrador furioso,
Arando la infinita
historia de mi gente.

Mad Ploughman

You direct the movement
Of my hand
Along this page
Like a conductor guides
An orchestra of owls
Over a lake of fir trees.

Your voice infiltrates my senses
Like an army of sea turtles
Marching along the ocean floor,
Guided by strange
Illuminations of green light.

You invade my blue country
Like a squadron of storm clouds,
Turning over fields of clay
Like a mad ploughman,
Tilling the bottomless
History of my people.

Photo by Steve Zimmermann

Writing Poetry

Writing poetry is walking
on a narrow trail
at night,
feeling with your bare feet
if you have strayed
from the path.

Writing poetry is gathering beads
from several boxes,
and laying them on the table
one at a time,
guided by strange impulse,
without touching the wrong one.

Escribir Poesía

Escribir poesía es caminar
en un sendero estrecho
Por la noche,
sintiendo con los pies descalzos
si te has desviado
del camino

Escribir poesía es juntar cuentas
de varias cajas,
y poniéndolos sobre la mesa
uno a la vez,
guiado por extraño impulso,
sin tocar el equivocado.

Your Love is Not Lost

Your love is not lost on me,
But I am lost in your love.

Your love is not wasted on me,
But I am wasted by your love.

Your love is well-spent on me,
And I am well-spent on your love.

Tu Amor No Esta Perdido

Tu amor no se ha perdido en mí,
Pero yo me perdí en tu amor.

Tu amor no se desgastó en mí,
Pero yo me desgasté en tu amor.

Tu amor está bien invertido en mí,
Y yo estoy bien invertido en tu amor.

Segunda Parte:
La Invitación

Hubo una invitación enviada a ti, hace mucho, mucho tiempo
  No llegó por correo

Fue escrita a mano pero no en papel
  Tomó cien millones de años acuñarla

Vino saltando a la velocidad de la luz
  alrededor de galaxias enteras hasta tu balcón

Te esperó mientras te amarrabas los cordones
  Supo tu nombre antes que tú lo supieras

Te miró mientras buscabas tus llaves y salías de prisa por la puerta
  La mitad del tiempo, tú no la viste

Te fuiste saltando por las gradas hacia la calle.

Part Two:
The Invitation

There was an invitation sent to you a long, long time ago
   It did not come by mail

It was handwritten but not on paper
   It took a hundred million years to inscribe

It traveled at the speed of light
   It came bounding around entire galaxies to your front porch

It waited for you while you were tying your shoes
   It knew your name before you did

It watched you as you looked for your keys and rushed out the door
   Half the time you didn't see it

You went bounding down the stairs and out to the street.

Como una Hoja de Palma

Una vez la viste y te detuviste en el instante
  Por un minuto no pudiste escuchar el auto pitando
    El viento estaba susurrando sobre las hojas secas
      Como agua pasando sobre piedritas

La planta en la maceta movió un pétalo
  para ti necesitaba agua,
    Pero no te pidió agua
      Te pidió que la acompañaras en una excursión

El pavimento olía a lluvia
  Todo se estaba moviendo muy lentamente
    Nunca antes habías notado a la planta de la maceta
      Parecía que estaba elevando sus brazos hacia ti

No pudiste dejar ese sitio
  Vayan, te despediste de ellos, vayan sin mí
    Vayan, moviste tu mano como la hoja de una palma
      Vayan sin mí.

Like a Palm Leaf

One time you saw it and stopped in your tracks
   For one minute you could not hear the car honking
      The wind was rustling the dry leaves
         like water washing over pebbles

The potted plant moved a petal for you
  It needed water
    But it didn't ask you for water
      It asked you to accompany it on an excursion

The pavement smelled like rain
  Everything was moving so slowly
    You had never noticed the potted plant before
      It seemed to be reaching its arms up to you

You couldn't leave that spot
  Go on, you waved to them, go on without me
    Go on, you waved your hand like a palm leaf
      Go on without me.

Caldo de Cultivo

Las semillas son sopladas en el viento hasta que caen en su útero
Podrías estar durmiendo cuando vengan las tuyas
Podrías estar roc28iando pintura sobre una vieja lata de café
Tu alma es el caldo de cultivo para especies nuevas

Podrías estar tratando de encontrar en dónde está goteando el aceite
Podrías estar partiendo rocas con un pico
Las semillas están tratando de germinarte

Podrías estar barriendo vidrios en la calle
Están buscando una manera de penetrarte
Están buscando una grieta en el escudo.

Breeding Ground

    Seeds are blown in the wind until they land in their womb
        You may be sleeping when yours come
            You may be spraying paint on an old coffee can
              Your soul is the breeding ground for new species

            You may be trying to figure out where the oil is leaking
          You might be breaking rocks with a pickaxe
       Seeds are trying germinate you

     You might be sweeping glass off the street
       They are looking for a way to penetrate you
         They are looking for a crack in the shield.

Parte el Caparazón

Voltea las cosas para romper el caparazón.
Honra a los ladrones para deshervir el agua
Rompe tus propias reglas para ver quién eres
Suelta al niño en un campo de yeso y marcaré el lugar
Háblame en lenguas y palearé tu vereda

No me digas lo que tú piensas que quiero oír
¿Cómo sabrías lo que yo quiero?
Hay algo mucho mejor
Escúchate a ti mismo cambiar
la historia cada vez que la cuentas
Continua cambiando la historia cada vez
Es lo mejor que puedes hacer
Se convertirá en lo que realmente necesitas decir

No te quedes estancado con las reglas
Anda donde necesites ir
Te encontraré allí.

Crack the Shell

Turn things on their side to crack the shell
Pay homage to thieves to unboil the water
Break your own rules to see who you are
Unbundle the infant in a field of gypsum and I will mark the place
Speak to me in tongues and I will shovel your sidewalk

Don't give me what you think what I want to hear
How would I know what I want?
There is something much better
Listen to yourself change the story with every telling
Keep changing the story every time
It's the best thing you can do
It will become what you really need to say

Don't be bogged down with the rules
Go where you need to go
I will meet you there.

Escucha al Escudo Romperse

Cuando cambias así, yo diviso tu viaje
Cuando te mantienes igual, dejo de saber quién eres

Conviértete en un riachuelo silvestre que nunca cuenta
la misma historia dos veces
Háblame en lenguas y marcaré el lugar
Déjame perseguirte para encontrar el bosque
Llévame al borde del campo en donde se abrió el primer azafrán
No estés allí cuando yo llegue

Déjame escuchar la tranquilidad de las bayas
Déjame oír las cañas romperse debajo de mis pies
Déjame oír al escudo romperse.

Listen to the Shield Crack

When you change like that I glimpse your voyage
When you stay the same I lose who you are

Become a wild stream that never tells the same story twice
Speak to me in tongues and I will mark the place
Let me chase you to encounter the forest
Bring me to the edge of the field where the first crocus opened
Do not be there when I arrive

Let me listen to the quiet of the berries
Let me hear the reeds break beneath my feet
Let me listen to the shield crack.

Hipnótico

¿Qué hay en ella que es tan hipnótico?
¿Qué es tan seductor en el vaivén de su falda?
¿Cuántas pistolas han sido disparadas por ella?
¿Cuántos tanques han sido detenidos por un solo hombre sosteniendo sus comestibles?
¿Cuántos libros acerca de ella han sido quemados?
¿Quién ha sido empatado en el juego por amarla?
¿A qué tierras extranjeras han sido enviados grupos para encontrarla?
¿Qué ciudades lloran su nombre?
¿Quién es su pastor?
¿Quién se inclina a sus deseos?
¿Cuándo hemos sido su anfitrión?
¿Cuándo nos hemos parado con suficiente altura para ofrecerle alas?
¿Cuándo hemos mostrado coraje frente a la razón?

Hypnotic

What is it about her that is so hypnotic?
What is so beguiling about the swing of her skirt?
How many guns have been fired for her?
How many tanks have been stopped by a single man holding groceries?
How many books about her have been burned?
Who has been tied to the stake for loving her?
On which foreign lands have search parties been sent to find her?
What cities cry her name?
Who is her shepherd
Who tends to her desires?
When have we been her host?
When have we stood tall enough to offer her wings?
When have we shown courage in the face of reason?

Reunirme Contigo

No quiero reunirme contigo en el supermercado
No quiero reunirme contigo en un edificio de oficinas o en un estacionamiento
Quiero reunirme contigo en el subterráneo
Quiero reunirme contigo en un avión
Quiero verte en el ferry
Quiero mirarte cruzar los agitados Mares del Sur
Quiero ser los Mares del Sur debajo de ti
Quiero ser la proa partiendo las olas frente a ti
Quiero ser las olas rompiéndose contra mi

No quiero ser el capitán del barco
No quiero ser un pasajero

Quiero ser el frente del casco elevándose a
través de la espuma.

Meeting You

I do not want to meet you in the supermarket
I do not want to meet you in an office building or a parking lot
I want to meet you on the subway
I want to meet you on an airplane
I want to see you on the ferry
I want to watch you cross the choppy South Seas
I want to be the South Seas beneath you
I want to be the bow parting the waves before you

I want you to be the waves crashing against me
I don't want to be the captain of the ship

I don't want to be a passenger
I want to be the front of the hull racing
through the foam.

Haz un Hogar para Tu Alma

Haz un hogar para tu alma
En estos peñascos de cáliza
Donde las hormigas se llevan
Los restos del tiempo de una vida.

Porque aquí es donde la mano invisible
Te ha guiado para tratar de oír
La voz de la tortuga marina
Debajo de las agitadas olas.

Haz un hogar para tu alma
Al costado de esta vid marchita
Donde las culebras se alimentan de ratones.

Porque aquí es donde los dragones de porcelana
Que ahora custodian la puerta de tu casa
Serán hechos añicos.

Haz un hogar para tu alma
En la oscuridad de tu habitación
Donde el silencio es perturbado
Por palabras jamás dichas.

Porque estas palabras jamás dichas
Conducen por una oscura escalera
A un sótano subterráneo
Donde se convierten en vino.

Haz un hogar para tu alma
Sobre esta cama de rosas negras
Donde la añoranza se junta en cada pétalo.

Porque aquí es donde los viejos amigos
separan sus caminos
Y la sabiduría de los eventos
Consuma nuevos inicios.

Make a Home for Your Soul

Make a home for your soul
On these limestone cliffs
Where ants carry away
The remains of a lifetime

For this is where the invisible hand
Has led you - to try to hear
The voice of the sea turtle
Beneath the agitated waves.

Make a home for your soul
Beside these withered vines
Where snakes feed on mice

For this is where the porcelain dragons
That now guard your doorstep
Will be shattered into pieces.

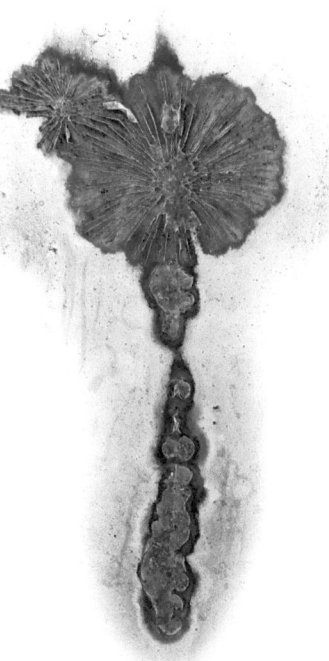

Make a home for your soul
In the dark of your room
Where the quiet is disturbed
By words never spoken

For these words never spoken
Lead down a dark staircase
To an underground cellar
Where they turn into wine.

Make a home for your soul
On this bed of dark roses
Where longing gathers on every petal

For this is where old friends part ways,
And the wisdom of events
Consummates new beginnings.

Tercera Parte:
Mucho Más Allá de las Palabras

Buscar la palabra correcta
no es la vocación
del poeta.
El poeta está buscando mucho más allá de las palabras.

Buscar la frase correcta
no es la vocación
del poeta.
El poeta está buscando mucho más allá de las frases

Él es un cartógrafo, explorador, y cazador
pero no está a la caza de la palabra o la frase correcta.
Él está buscando el borde del mundo
en donde el primer rayo de luz se rompió en pedazos.
Él está buscando el sonido de una flauta en bosques de piedra
donde los monos desgarran la carne de los no creyentes.
Él está buscando qué vestigios quedan aún de quienes éramos
cuando por primera vez nuestros ojos bebieron yeso líquido de lo desconocido.

En esos momentos cuando el poeta está totalmente poseído
por el mundo
que está buscando,
una palabra tiene tanto valor para él
como lo tiene una columna de periódico
para una armada de pelícanos defendiendo la costa.

En esos momentos cuando el poeta está totalmente poseído
por el mundo
por el cual está a la caza

una palabra tiene tanto valor para él como lo tiene
una moneda para un jaguar saltando desde una rama alta
en el amanecer de todo lo que no puede ser conocido.

Part Three:
Far Beyond Words

Searching for the right word
is not the vocation
of the poet.
The poet is searching far beyond words.

Searching for the right phrase
Is not the vocation
Of the poet.
The poet is seeking far beyond phrases.

He is cartographer, explorer, and hunter,
but he is not hunting for the right word or phrase.
He is seeking the rim of the world where the first shaft of light
shattered into pieces.
He is seeking the sound of a flute in stone forests
where monkeys tear the flesh of unbelievers.
He is seeking what relics still remain of who we were becoming when
our eyes first drank liquid gypsum from the silver unknown.

In those moments when the poet is completely possessed
by the world
for which he is seeking,
a word has as much value to him
as a newspaper column has to an army
of pelicans defending the seacoast.

In those moments when the poet is completely possessed
by the world
for which he is hunting

a word has as much value to him
as a coin has to a jaguar leaping from a high limb
into the sunrise of all that cannot be known.

Bebe Estos Poemas

Bebe estos poemas
que tu vacío
puede ser llenado.

Detente debajo de estos árboles
en tu larga caminata
a través del desierto agrietado
en donde puedes refugiarte
de los cuchillos del sol.

Ven a mí carpa
donde hay vino y protección del viento,
pues éste
es el último oasis a lo largo del camino a Damasco.

Estos poemas invocarán las canciones de tus ancestros,
y el vino taimará tu locura
antes de que el viento la azote nuevamente.

Saluda a mis ojos con el azul amanecer de esperanza que
vive dentro de ti
y yo lavaré las manchas de tu alma
con un cepillo que llevo en mi solapa.

Mañana tu viajarás a través de un país temerario
hacia tu destino. En esta noche,
permite que la poesía limpie las cavernas de tu mente
como agua goteando a través de la tierra
de una planta en maceta.

Drink These Poems

Photo by Steve Zimmermann

Drink these poems
  that your emptiness
    may be filled.

    Stop beneath these trees
      on your long walk
        through the cracked desert
          where you may find brief shelter
        from the sun's knives.

      Come into my tent
        where there is wine and protection
        from the wind, for this
        is the last oasis on the long road to Damascus.

        These poems will invoke your ancestor's songs,
        and the wine will temper your madness
        before the wind whips it up again.

        Greet my eyes with the blue dawn of hope
        which lives inside you
        and I will wash the stains off your soul
        with a brush I carry on my lapel.

      Tomorrow you will travel through a reckless country
        towards your destination. On this night,
      let poetry cleanse the caverns of your mind
      like water dripping through the soil
  of a potted plant.

Dios tiene Alas

Me dicen que Dios tiene alas.
 Yo pienso que está bien.
  Yo tengo balanzas y he cruzado a través de ciudades perdidas.

   Me dicen que Dios es blanco.
    Yo pienso que está bien.
     Nubes negras traen lluvia a donde yo vivo.

      Me dicen que Dios redimió a una tribu antigua de
      su esclavitud.
       Yo creo que está bien.
        La nación donde yo vivo ha conquistado
        a muchas tribus.

God Has Wings

I am told God has wings.
 I think that is fine.
  I have scales and wade through lost cities.

   I am told God is white.
    I think that is fine.
     Black clouds bring rain where I live.

      I am told God redeemed an ancient tribe from bondage.
       I think that is fine.
        The nation I live in has conquered many tribes.

Los Grandes Poemas

¿Qué dicen los grandes poemas acerca de beber?
Dicen bebe en la luz de las estrellas
con tus ojos y tus brazos y tu piel
como si fueran diamantes líquidos
corriendo sobre el borde del mundo
para decorar la sombra de tu corona.

    ¿Qué dicen los grandes poemas acerca de viajar?
    Dicen viaja con una caravana
    de gente sabia que estudia los mapas;
    ofréceles cargar su agua;
    finge dormir mientras ellos debaten en la noche;
    y escucha el timbre de sus voces.
    Pero cuando veas el musgo en las piedras frías, habrás oído suficiente.
    Pon una señal en el lugar y abandónalos
    por lo relucientemente desconocido.

        ¿Qué dicen acerca del tiempo en la tierra?
        Dicen que el tiempo en la tierra es un extraño compañero de cama
        llora y se dobla – se esconde
        en cuevas. No puede ser encantado con el pensamiento correcto,
        pero envolverá su chal sobre tus hombros
        si te arrodillas para oír y hablar.
        El tiempo en la tierra es personal.
        Es una columna de periódico guardada por tu abuela
        con extrañas predicciones garabateadas en los márgenes.

¿Y acerca de la amistad?
¿Qué dicen los grandes poemas acerca de la amistad?
Los grandes poemas hablan de la amistad
Como un vehículo que atravieza aguas pantanosas
con pocos hombres buenos a bordo.

    Hablan de la amistad
    Como una nave marítima que atravieza aguas pantanosas
    con pocos hombres a bordo.

The Great Poems

What do the great poems say about drinking?
They say drink in starlight
with your eyes and arms and skin
as if it were liquid diamonds
rushing over the rim of the world
to decorate your shadow's crown.

> What do the great poems say about traveling?
> They say travel with a caravan
> of wise people who study the maps;
> offer to carry their water;
> pretend to be sleeping when they debate at night
> and listen to the timbre of their voices.
> But when you see the moss on the cold stones,
> you've heard enough.
> Mark the place and ditch them
> for the glittering unknown.

>> What do they say about time on earth?
>> They say time on earth is a strange bed-fellow –
>> it weeps and bends – it hides
>> in caves. It cannot be charmed with right thinking,
>> but it will wrap its shawl over your shoulders if you
>> kneel to hear it speak.
>> Time on earth is personal.
>> It is a newspaper column saved by your grandmother
>> with strange predictions scribbled in the margins.

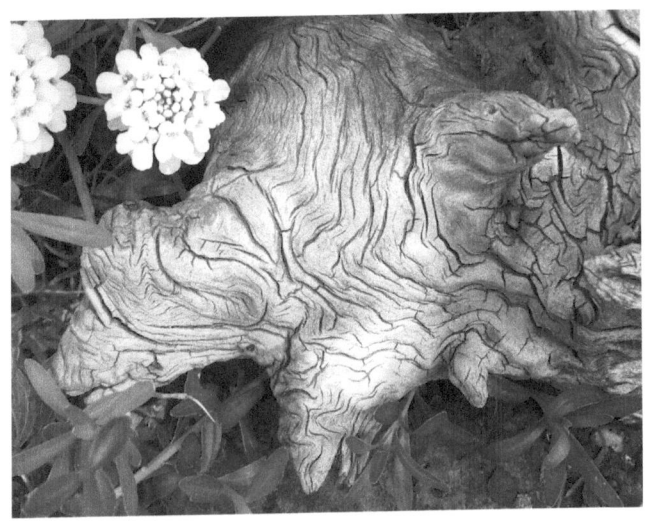

And what of friendship?
What do the great poems say about friendship?
The great poems speak of friendship
as a vehicle that traverses moody waters
with few good men aboard.

> They speak of friendship
> as a maritime vessel that traverses moody waters
> with few men aboard.

La Pluma del Poeta

La pluma del poeta es una afilada hoja de afeitar
Cortando dentro de la carne
Y halando la sangre
Para limpiar el camino de un nuevo lenguaje.

Las manos del poeta son garzas
Dando vueltas alrededor de estanques de lodo seco
Buscando caracoles
Antes de que las tormentas de nieve lleguen.

La voz del poeta es una tortuga marina
Surcando en estrechas camas de arrecifes
Mientras las olas oscuras remontan y rompen
Sobre la cabeza.

El corazón del poeta es el sol amarillo
Cruzando las estaciones atolondradas
De un cielo de invierno.

The Poet's Pen

The poet's pen is a fine razor
Cutting into flesh
And drawing blood
To clear the way for new language.

The poet's hands are egrets
Circling over dried mud ponds
Looking for snails
Before the ice storms arrive.

The poet's voice is a sea turtle
Furrowing in shallow reef beds
As dark waves mount and break
Overhead.

The poet's heart is a yellow sun
Crossing the reckless seasons
Of a winter sky.

Hojas de Armadura

Te he conocido por un día,
Pero tú me has conocido por mil años.

Me paro delante de ti, un árbol con manos de truenos,
Un jacinto con una melena de hojas por armadura.

Este día es un par de dedos de vidrio envueltos en piel de animal.
Este día es un aro de luz azulado en el cual todo traspasará.

El humo del pueblo sube desde el pueblo temprano al amanecer
Tú te paras frente a mi, un millar de manos de truenos,
Un millar de aros de luz.
Me paro delante de ti, una melena espesa de hojas envueltas en
una bandada.

Este día es un jacinto con pétalos de vidrio
envueltos en humo azul.
Este día es un aro de luz azulado
Por el cual todo debe pasar.

Leaves of Armor

I have known you for one day,
But you have known me for a thousand years.

I stand before you, a tree with thunder for hands,
A hyacinth with a thick mane of leaves for armor.

This day is a pair of glass fingers wrapped in animal skin.
This day is a ring of blue light through which all must pass.

Smoke from the village rises in the early dawn.
You stand before me, a thousand hands of thunder,
A thousand rings of light.
I stand before you, a thick mane of leaves wrapped in folds
of armor.

This day is a hyacinth with glass petals
Wrapped in blue smoke.
This life is a ring of blue light
Through which all must pass.

El árbol

No hay fruto más dulce bajo el cielo
colgando orgulloso de su rama,
o madurando lentamente en la vid,
que las crujientes y doradas peras
que probamos esta mañana
de aquel misterioso árbol
que está al otro lado del jardín;
cuyas raíces parecen tomar forma
de las letras de un alfabeto.

Escucha, mientras deambulamos
en medio del aroma salvaje
de los árboles cítricos
hacia el alto pasto
que se dobla y resquebraja
bajo nuestros pies.
Escucha, mientras nos perdemos
en los senderos sinuosos,
el batir de las alas de gorriones
golpeando contra el aire,
a la vez que se elevan y dispersan
Y ahora mira la luz que nos seduce,
brillar primero sobre las hojas núbiles
para luego destellar sobre tus ojos de cuervo
Cuán dulce es tu sombra, Edén,
Que dorada tu luz.

Y tú, mujer de Dios, nacida de mi propio cuerpo,
mi amor en la tierra,
ven conmigo,
sígueme,
luego...guíame
mientras se enciende todavía el cielo con el color del fuego,

de regreso a la arboleda
en la cima,
al otro lado del jardín,
donde las uvas cuelgan pesadas de la vid,

Y comamos y bebamos del Sabbath,
otorgados por nuestro Creador
en el pasto
por el que vagan pavos reales
en medio de árboles de nogal.

Y mientras Dios aún descansa,
volvamos nuevamente hacia el peral
para admirar una vez más
la imponencia de su marco.
Escalemos por su tronco
y persigámonos los dos
a lo largo de sus ramas oscilantes;
No temamos conocimiento alguno
mientras luchamos en las ramas retorcidas
de nuestro innegable amor;
y cuando yazca ya dormida gran parte de la Creación,
déjame consagrar el templo de tu belleza
por medio de estas exaltaciones al Creador.

Venga lo que nos sobrevenga,
tu cuello es un albaricoque que deleita,
Y en este huerto de sombras y luz de luna que destella;
gusta de esta pera en tus labios, mi amor,
Y bebe con ganas de su jugo;
y cáete conmigo del Árbol del Conocimiento
sobre la tierra verde y ondulante,
Cáete conmigo dentro de lo inevitable
dentro del abrazo de nuestro destino terrenal.

Venga lo que le sobrevenga a toda la humanidad,
dejémonos atrapar

por las vides silvestres
y bayas endurecidas
que nos atraviesan y nos unen;
Llenemos el abismo de nuestro anhelo
con el calor de la misericordia convocante de Dios;
Y déjanos satisfacer
a los gorriones salvajes
que baten sus alas
dentro de nuestras almas
Con el maná verdadero,
el que han anhelado infinitamente:
Un hogar terrenal para su amor.

Entonces, cuando el cielo oriental se aclare,
y el canto de las palomas llene los bosques,
y comience un nuevo día bajo el cielo,
Verás que arrancaré una racimo de hojas
Del olivo
con el cual ocultaré tu tierna belleza
Y cubriré tu desnudez de los rayos agudos,
Implacables
Del sol que asciende.

La vida eterna no nos corresponde,
sin embargo Él la ha sembrado en nuestro corazón,
en esas raíces con la forma
de las letras de tu nombre,
En esas luces intermitentes
que logramos tocar por un momento,
que luego pasa y las perdemos.
Y en la forma en que luchamos,
como luchó Jacob con el Ángel,
en las ramas oscilantes del árbol,
en la cuna mecedora de sus poderosos brazos,
en los miembros enredados
de nuestro punzante amor.

The Tree

No sweeter fruit under Heaven
Hangs proudly on a branch
Or ripens slowly on a vine
Than the crisp, golden pears
We tasted this morning
From that one mysterious tree
At the far end of the garden,
With twisting roots shaped like
The letters of the alphabet.

Listen, as we wander
Among the wild fragrance
Of citrus trees
To the tall grass
Bending and cracking
Beneath our feet.
Listen, as we lose ourselves
On the winding footpaths,
To the wings of sparrows
Beating against the air,
As they lift and scatter;
And look at the beguiling light –
Shimmering first in the nubile leaves above –
And then flashing in your raven eyes below.
How sweet your shade, Eden,
How golden your light.

And you, woman of God, born from my own body,
My love on Earth,
Come with me,
Follow me,
Then lead me,
Whilst the sky is still burnt with the color of fire,
Back to the grove of trees
Up on the rise,

At the far end of the garden
Where grapes hang heavy on the vine,
And let us take our Sabbath meal and drink,
Given to us by our Maker,
In the grass
Where peacocks wander
Among the walnut trees.

And whilst God is still resting,
Let us approach the pear tree again
To admire
The girth of its frame;
Let us ascend its trunk
And chase each other
Along its swaying branches;
Let us fear no knowledge
As we wrestle in the twisted limbs
Of our undeniable love;
When most of Creation is sleeping
Let me consecrate the Temple of your beauty
With these exaltations to the Creator.

Come what may for us,
Your neck is an apricot of delight
In this orchard of shadows and flashing moonlight;
Taste this pear on your lips, my love,
And drink heartily of its juice;
Fall with me from the Tree of Knowledge
Onto the green, undulating earth,
Fall with me into the unavoidable
Embrace of our earthly destiny.

Come what may, for all mankind,
Let us be gripped
By the wild vines
And hardened berries

That pierce us and bind us together;
Let us fill the abyss of our longing
With the heat of God's beckoning mercy;
And let us satisfy
The wild sparrows
Beating their wings
In our souls
With the true manna
For which they have infinitely yearned:
An earthly home for their love.

Then, as the eastern sky turns pale
And the song of doves fills the woods,
And as the new Day under Heaven begins,
Lo, I will pluck a bough of leaves
From the olive tree
With which to conceal your tender beauty
And cover your nakedness from the sharp,
Unforgiving rays
Of the ascending sun.

Eternal life is not ours,
But He has planted eternity in our hearts,
In those roots shaped like
The letters of your name,
In those flashing lights
We grasp for a moment,
But then are gone,
And in the way we wrestle,
Like Jacob with the Angel,
In the swaying branches of the tree,
In the rocking cradle of its mighty arms,
In the tangled limbs
Of our piercing love.

Yesca Seca

Yo no te amo de la manera en que una serpiente ama comerse a sus crías.
Te amo de la manera en que el viento ama a las laderas de la tierra.
No te amo de la manera en que los abetos aman la piel de la lluvia fuerte.
Te amo de la manera en que una llama azul ama a un polvorín.

Tú no me amas de la manera en que una colonia de hormigas ama a una hoja recién caída.
Me amas de la manera en que un murciélago ama el sonido de su propia voz.
No me amas de la manera en que un cactus ama una nube negra de invierno.
Me amas de la manera en que la media noche ama a un campo de grillos.

No me pidas que te ame de la manera en que una serpiente ama comerse a sus crías.
No te pediré que me ames de la manera en que una colonia de hormigas ama a una hoja recién caída.

Anda y ámame de la manera en que un murciélago ama el sonido de su propia voz.
Te amaré de la manera en que una llama azul ama a un polvorín.

Dry Tinder

I don't love you the way a snake loves to eat its young.
  I love you the way the wind loves the slopes of the earth.
    I don't love you the way fir trees love the pelt of hard rain.
      I love you the way a blue flame loves a tinderbox.

You don't love me the way a colony of ants loves a freshly fallen leaf.
  You love me the way a bat loves the sound of its own voice.
    You don't love me the way a cactus loves a black winter cloud.
      You love me the way midnight loves a field of crickets.

Don't ask me to love you the way a snake loves to eats its young.
  I won't ask you to love me the way a colony of ants loves a freshly fallen leaf.

Go ahead and love me the way a bat loves the sound of its own voice.
  I will love you the way a blue flame loves a tinderbox.

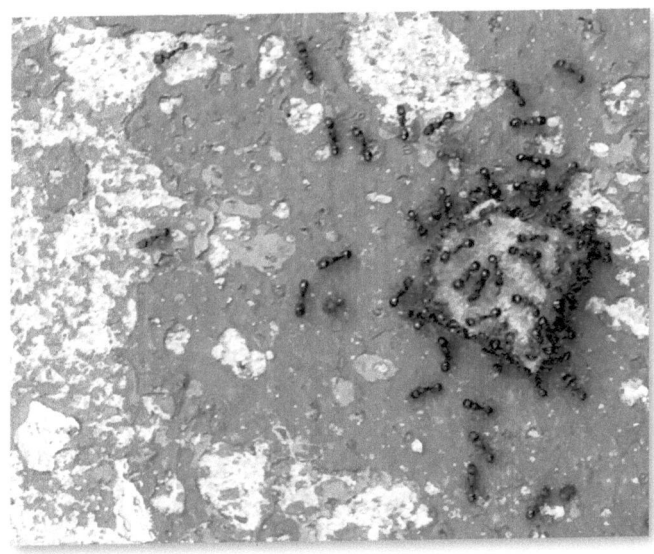

Poetas o Banqueros

Poetas o banqueros, quién es el más rico?
El dinero le compra al banquero un corazón nuevo.
La poesía perfora profundamente en un viejo corazón.

El dinero compra al banquero suéteres de cachimira y jubilación.
La poesía compra pensamientos en un día ventoso.

El banquero puede comprar arte para sus paredes.
El poeta debe trepar por las paredes para poder escribir sus poemas.

El dinero compra al banquero una casa con pisos de mármol.
El poeta está más interesado en dónde encerraron a los esclavos.

El mundo sigue ciertas reglas para el banquero.
El mundo del poeta está fuera de su control.

El banquero no hace preguntas que no puede responder.
El poeta está entrenado para escuchar lo que no está dicho.

Seguramente los banqueros son más ricos que los poetas:
El banquero puede comprar una sarta de perlas en el mercado;
El poeta se zambulle por perlas en mares de locura.

Poets or Bankers

Poets or bankers, who is wealthier?
Money buys the banker a new heart.
Poetry drills deep into an old heart.

Money buys the banker cashmere sweaters and retirement.
Poetry buys thoughts on a windy day.

The banker can buy art for his walls.
The poet must climb the walls for his poems.

Money buys the banker a house with marble floors.
The poet is more interested in where the slaves used to be kept.

The world follows certain rules for the banker.
The poet's world is out of his control.

The banker does not ask questions he cannot answer.
The poet is trained to hear what isn't being said.

Surely bankers are wealthier than poets:
The banker can buy a string of pearls down at the market;
The poet dives for pearls in seas of madness.

Sobre los Artistas

GREGG EISENBERG es un humorista, compositor y filósofo de stand-up que vive en Boulder, Colorado, EE. UU. Esta antología de su poesía cubista pretende despertar la imaginación artística de los lectores tanto de habla hispana como de habla inglesa. Es con gran aprecio por la cadencia del idioma español que Gregg ofrece esta edición bilingüe de su obra. Interpreta esta poesía en formato de palabra hablada acompañado de conjuntos de jazz en un espectáculo llamado Homenaje al ladrón. Gregg espera realizar este trabajo en cafés, clubes y bibliotecas en América Latina y España. Le encantaría saber de usted en gregg@eisenbergenergy.com..

GABRIELA SOLÍS PLAZA es coach profesional certificada, capacitadora bilingüe y traductora. Cuando ella está creando un programa, un taller o un producto nuevo, la metáfora de ser una chef está siempre presente. Gabriela se siente inspirada a preparar un banquete tentador con los ingredientes disponibles. Es con esa actitud, que abordó la invitación de Gregg para crear la versión de sus poemas en español. Están invitados a visitarla en www.mariagabrielasolis.com y contactarla a: mariagabrielasolis.linkedin@gmail.com.

MICHAEL HAMERS es artista y fotógrafo, diseñador gráfico, técnico en ilustración y autor. Mike busca encontrar belleza en donde normalmente no se la busca. Por su amor a la poesía y por ser un cuentacuentos visual, es el colaborador perfecto para este proyecto. Además de la fotografía, Mike crea obras pictóricas con aerógrafo. Sus diseños comerciales y portafolio de ilustraciones pueden ser vistos en su website (Lightspeed Commercial Arts) at www.Lightspeedca.net.

About the Artists

GREGG EISENBERG is a humorist, songwriter, and stand-up philosopher living in Boulder, Colorado USA. This anthology of his Cubist poetry is meant to stir the artistic imagination of both Spanish-speaking and English-speaking readers. It is with great appreciation for the cadence of Spanish language that Gregg offers this bilingual edition of his work. He performs this poetry in spoken word format accompanied by jazz ensembles in a show called Homage to the Thief. Gregg hopes to perform this work in cafes, clubs, and libraries in Latin America and Spain. He would love to hear from you at gregg@eisenbergenergy.com.

GABRIELA SOLÍS PLAZA is a bilingual professional certified coach, trainer, educator and translator. Whether she is creating a program, a workshop or new product, the metaphor of being a chef is always there. Gabriela feels inspired to prepare a tempting banquet with the ingredients available. It is with this attitude that she engaged Gregg´s invitation to create the Spanish version of his poems. Gabriela also invites you to visit www.mariagabrielasolis.com and to contact her at mariagabrielasolis.linkedin@gmail.com.

MICHAEL HAMERS is an artist and photographer, graphic designer, technical illustrator and author. Mike seeks to find beauty where beauty is often not sought. Because of his love of poetry and for visual storytelling, he is the perfect collaborator for this project. In addition to photography, Mike also creates fine art airbrush paintings. His commercial design and illustration portfolio can be viewed at his business website (Lightspeed Commercial Arts) at www.Lightspeedca.net.

Also by Gregg Eisenberg

"Love Without Madness | Amor Sin Locura"
(Book of Poetry in Spanish & English)
on Amazon

Gregg recites poetry with live music ensemble:

"The Butterfly of Happiness"
(A children's Buddhist Fairytale – book)

"Letting Go Is All We Have to Hold Onto:
Mind-Altering Jokes"
(To purchase or leave a review on Amazon)

Gregg reads from "Letting Go" to a live
audience at the Museum of Boulder

Podcast interview with Gregg Eisenberg:
(The origin & philosphy behind the jokes)

"World On My Mind"
(Gregg Eisenberg's Book of Songs and Lyrics)

Gregg Eisenberg's Original Music, Listen on Spotify

"Even the Earth is Bipolar"
(Live Science-Comedy performed in Planetariums)

www.ingramcontent.com/pod-product-compliance
Lightning Source LLC
LaVergne TN
LVHW010019070426
835507LV00001B/1